AF233792

PÉTITION

A L'ASSEMBLÉE NATIONALE

CONTRE

LE PROJET DE RACHAT

DES CHEMINS DE FER.

Des Actionnaires sérieux et des Agioteurs. — Glorification de Louis-Philippe, par M. le Ministre des Finances. — Ce qu'on demande aux Compagnies. — Une manière fort patriotique de consoler ceux que ruinerait le rachat des Chemins. — La Russie déclarée démocratique et les Etats-Unis aristocratiques. — Sentences et digressions ministérielles. — Pourquoi l'on n'a pas aliéné les biens de la liste civile, et danger que nous avons couru à ce sujet, sans nous en douter. — A qui le rachat est avantageux. — Utilité de la spéculation pour favoriser les projets ministériels. — Proposition de l'auteur, etc., etc.

Dépôt : Rue du Ponceau, 22, café du Roulage.

PARIS,

TYPOGRAPHIE ET LITHOGRAPHIE DE A. APPERT,
Passage du Caire, 54.

—

Mai 1848.

RACHAT DES CHEMINS DE FER.

PETITION

PRÉSENTÉE

A L'ASSEMBLÉE NATIONALE,

Par le Citoyen P. R. COURRIER.

CITOYENS REPRÉSENTANTS,

Un projet de loi sur le rachat des chemins de fer vient de vous être soumis; la fortune plébéienne m'y parait être menacée par ceux-là mêmes qui se proposent de la sauvegarder.

Je n'ai point à me préoccuper pour moi-même de l'avenir de ces entreprises : Humble travailleur, pas un agent de change, pas un courtier marron ne daignerait inscrire mon nom sur son calepin. Mais je me suis laissé persuader que le 24 Février m'avait fait citoyen d'une nation grande et libre. Je suis souverain, et, chose singulière, l'arbitraire me répugne.

Or, au point de vue légal, le rachat des chemins de fer, *aux conditions qui vous sont proposées*, est une mesure arbitraire; au point de vue purement politique, c'est une mesure imprudente.

Entendons-nous. Je ne soutiens pas l'agiotage. C'est une plaie profonde et honteuse de notre société; c'est un *vol* contre lequel vous aurez à sévir, lorsque vous aurez été mis à même d'en apprécier les funestes conséquences.

Ce que je soutiens, c'est l'égalité devant la loi de tous les citoyens français, lorsqu'ils n'ont d'autre tort que d'avoir compromis, sciemment ou non, leur intérêt particulier dans l'intérêt général.

S'il est vrai que des financiers, des gens à privilèges, aient illicitement profité des tendances mauvaises du gouvernement déchu, rien de plus juste que de décréter contre eux la restitution d'une aumône prélevée sur le revenu public.

Mais le peuple a des yeux pour voir; on ne lui en impose point par un faux semblant de justice. Vous le savez, citoyens représentants, et tout le monde le sait avec vous, ces adroits jongleurs qui tenaient les cordons de toutes les bourses à la portée de leurs mains exercées, ont prudemment disparu derrière le rideau; ils n'ont laissé à leur place que des millions de familles éplorées.

Les dupes qu'ils ont faites porteront-elles la peine d'une faute que d'autres ont commise, ces autres fussent-ils des courtisans, des ministres, des rois, ou même de simples et obscurs usuriers ?...

Tant pis pour les sots qui se sont laissé duper, disent les partisans de l'expropriation.

Et quoi! vous avouez que la corruption était la base de l'ancien système gouvernemental, et vous vous étonneriez que l'ouvrier économe, au risque d'être empoisonné, ait voulu ramasser les miettes qui tombaient de la table des riches! On n'accordait rien, rien que des impôts exorbitants et des droits de douane vexatoires à ceux qui occupaient les derniers degrés de l'échelle sociale : leur restait-il donc d'autre ressource que de s'adresser aux privilégiés, pour leur acheter, n'importe à quel prix, un peu de ce bien-être qu'on refusait de faire descendre jusqu'à eux.

Et puis, en y réfléchissant bien, il me vient un scrupule que l'Assemblée tout entière partagera. On prétend que le gouvernement déchu, voulant s'appuyer sur les grands détenteurs de la richesse nationale, avait accordé des avantages exagérés aux compagnies financières. C'est bien là, en effet, l'opinion générale et la mienne en particulier. Et pourtant les termes du décret qui vous est proposé, Citoyens représentants, porteraient la France à penser que Louis-Philippe a géré comme un bon père les intérêts de l'Etat. J'en demande bien pardon à M. le Ministre des Finances, mais il ne pouvait glorifier la monarchie tombée, d'une manière plus évidente qu'en proposant le rachat des chemins de fer à des prix généralement moins élevés que l'importance de la dépense à laquelle ils ont donné lieu. Une compagnie, par exemple, a-t-elle dépensé cent millions à une entreprise qui en définitive est estimée aujourd'hui ne valoir que soixante millions? C'est quarante millions que gagne l'Etat, ni plus ni moins.

Je défie tous les mathématiciens du ministère des finances de nier les avantages d'un pareil résultat pour le pays.

En dernière analyse, c'est donc un *sacrifice* qu'on demande aux actionnaires sérieux.

Si la question avait été posée ainsi, je me serais empressé d'admettre qu'un bon citoyen ne doit pas même reculer devant la perte de sa fortune personnelle, lorsqu'il s'agit de sauver la patrie.

Aussi, en commençant la lecture de l'exposé des motifs du Gouvernement, je m'attendais à y trouver une de ces raisons d'Etat qui échappent aux esprits superficiels; je faisais d'avance bon marché de mon opinion; je consolais de mon mieux ceux de mes amis qui voyaient leur ruine au bout de cette mesure exceptionnelle; les uns, leur disais-je, sont appelés à verser leur sang pour la défense de la République; les autres consacrent au même but leurs veilles et leurs méditations : à vous est réservée sans doute une mission encore inaperçue du vulgaire, mais qui ne saurait être moins honorable que celle du soldat, du publiciste, ou même de nos gouvernants, malgré le dévouement *désintéressé* dont ils ont donné tant de preuves.

Le projet parut. Certes, ma déception fut grande. En parcourant d'un bout à l'autre l'exposé des motifs de M. le ministre des finances, j'y rencontrai bien deux ou trois raisonnements qui prenaient à tâche de se contredire, mais, quant à son ensemble, je suis encore à en chercher la véritable signification. Il faut que M. le ministre soit un diplomate bien habile ; personne ne sait au juste quel est le sens caché de ses interminables considérants.

Il commence par une sentence : *Citoyens, dit-il, toutes les institutions politiques, civiles, économiques et financières qui régissent un Etat doivent logiquement découler d'un principe commun.*

Il a raison : Toutes ces institutions doivent découler de la *justice*. Mais ce n'est point parce que les titres de noblesse, par exemple, se rattachent à la monarchie, qu'il a fallu en décréter l'abolition ; c'est parce que la raison nous dit que les vertus qui distinguent les grands hommes ne sont pas héréditaires. Vous avez manifestement à rechercher ce qui est compatible ou incompatible avec la nouvelle forme de Gouvernement ; mais si vous trouvez une question, une seule, de l'importance de celle qui nous occupe, qu'un Gouvernement quelconque ne puisse concilier légitimement avec l'intérêt général, c'est ce Gouvernement qui a tort. Ne vous en prenez qu'à lui.

Nous allons du reste suivre pas à pas le citoyen ministre. Peut être à force de méditations, le comprendrons-nous mieux.

Des grandes Compagnies financières.

Elles existent en France comme en Angleterre, comme en Amérique, quoique M. le ministre ne parle pas de ce dernier pays. Elles n'existent pas, au contraire, en Russie, quoiqu'il en fasse encore moins la remarque. Lorsque vous puisez des exemples à l'étranger, il faudrait au moins que l'étranger ne fournisse pas contre vous des armes victorieuses. Si je vois que les associations financières existent dans une République, dans un pays constitutionnel, et que tous les gouvernements absolus revendiquent au contraire pour eux seuls, le droit de créer, ne serai-je pas porté à croire (si vous ne vous êtes pas d'ailleurs encore révélé à moi, de manière à m'inspirer toute confiance), que vous avez quelque tendance, vous ministre, à suivre l'exemple des gouvernements absolus ?

Les compagnies financières conviennent à merveille à un état démocratique ; collectivement elles jouissent quelquefois du *privilége* d'être riches, je vous l'accorde ; mais n'est-il pas plus privilégié encore celui qui possède à lui seul de quoi faire face à des entreprises auxquelles bien des compagnies ne sauraient suffire ? Vous respectez néanmoins la propriété du particulier, quelque colossale qu'elle soit, et encore bien qu'il soit seul à en recueillir le produit : à plus forte raison, respectez la propriété des compagnies, puisque cette *propriété* profite à des milliers de familles, sans nuire à aucun principe d'indépendance ni de prospérité pour le pays.

Du mouvement aristocratique sous la royauté constitutionnelle.

D'après le citoyen ministre des finances, la monarchie constitutionnelle a voulu créer une aristocratie financière ; s'il en est ainsi, la monarchie a eu grandement tort, même dans son propre intérêt. Le moindre petit penseur lui aurait dit que c'était là un moyen inévitable de mettre en souffrance toutes les fortunes médiocres, lesquelles ne pouvaient tarder à sentir et à écarter la main de fer qui s'appesantissait sur elles. On lui aurait dit encore qu'en bonne politique, il ne faut jamais trop enrichir ses amis ou ses créatures, de peur que n'ayant plus besoin de nous, et trouvant la reconnaissance trop à charge, ils ne viennent à nous payer d'ingratitude. C'est ce que n'a point prévu Napoléon lui-même. Louis-Philippe pouvait bien s'y laisser prendre.

Mais ni l'un ni l'autre n'ont rien à faire ici. J'aime mieux en revenir au citoyen ministre, et cette fois j'ai la satisfaction de me trouver entièrement d'accord avec lui. Je voudrais pouvoir proclamer ses paroles à la face de toute la France ; écoutez !

« Ce n'est point par sa nature, mais par sa *tenure*, c'est-« à-dire par la manière dont elle est possédée, que la pro-« priété est favorable ou défavorable à l'aristocratie ou à « la démocratie. Un élément de richesse peut devenir d'au-« tant plus dangereux, qu'il se concentre avec plus de fa-« cilité, et qu'il permet à ceux qui le dirigent, de se tenir

« plus intimement unis ; et c'est là le propre de la richesse
« mobilière. »

Nous y voilà ! monsieur le ministre ne veut pas que les
actions de chemins de fer restent entre les mains de deux
millions de citoyens; elles seraient là trop concentrées sans
doute, et il vaut bien mieux que huit ou dix hommes dis-
posent de cet élément de richesses! Reste à savoir toutefois,
si *cet élément* ne renferme pas plus d'un moyen d'influence
pour les gouvernements qui auront la volonté d'en
abuser.

Il est vrai que ces gouvernements là sont extrêmement
rares.

Les compagnies et la puissance de l'État.

*Toutes les grandes aliénations du domaine public corres-
pondent à des époques de faiblesse et de corruption.*

Autre maxime. D'après celle-là, nous serons déclarés
faibles *et corrompus*, si jamais les biens de la liste civile sont
aliénés. Cependant, on a dit qu'il en avait été question. —
Nous l'aurons échappé belle.

S'il est vrai que le pouvoir *puisse si facilement dominer
l'ensemble de la situation*, il aurait bien dû payer à leurs
échéances les bons du trésor sur lesquels certaines
compagnies avaient compté pour poursuivre leurs entreprises et donner du travail aux ouvriers. Il aurait dû
aussi rembourser sérieusement les livrets de la caisse d'é-
pargne. Pour le dire en passant, je connais des pauvres
pères de famille qui, dans le besoin extrême où ils se trou-

vaient par suite du chômage, ont réellement reçu de l'État la moitié environ des économies qu'ils lui avaient confiées. Ce n'est pas là dominer une question, c'est l'écarter.

A entendre monsieur le ministre, ne semblerait-il pas que l'on ait prêté aux particuliers, sans compensation, ce qu'il appelle le crédit de l'État ? Nous voyons cependant qu'il n'est pas très pressé de racheter celles des concessions dont les produits actuels ne laissent espérer qu'un développement fort médiocre pour l'avenir.

Quoique je craigne de n'en jamais finir, avec ce long exposé de motifs qui n'en sont pas, je ne puis m'empêcher de citer encore cette maxime de M. Duclerc : *abandonner, dit-il, les transports à des compagnies privilégiées, c'est abandonner le pouvoir de régler la consommation et la production, de fixer la valeur et le prix de tous les objets.*

Jamais on n'a dit tant de choses inconsidérées en si peu de paroles. Lorsque les marchandises nous arrivaient de tous les points de la France par le roulage, il était bien difficile d'en fixer le prix de revient, qui, pour le transport, changeait du jour au lendemain ; aujourd'hui, voyez la différence ; non-seulement les prix sont uniformes, mais encore les marchandises sont soumises, pour chaque classe, à un tarif *fixé par l'État*, et qui ne peut être modifié sans son assentiment.

Où donc est la difficulté ?

Il ne m'appartient pas d'examiner si la fixation de la valeur et du prix *de tous les objets*, pourrait jamais devenir une mesure praticable ; il suffit de montrer que cette fixation serait facile. Et si l'on prétendait que le tarif des objets alimentaires a besoin d'une certaine élasticité, aux époques de pénurie, je répondrais par des faits : en 1847, toutes les concessions particulières de chemins de fer, et même de canaux, se sont empressées à l'envi, de faciliter l'importation des objets de première nécessité. L'opinion publique leur en a fait une loi, non-seulement pour le passé, mais aussi pour l'avenir. Il n'y a que les gouvernements qui prétendent à l'absolutisme, assez aveugles pour résister au vœu exprimé ou senti de la nation entière.

Je laisse à dessein de côté, les craintes que l'on exprime au sujet du personnel des compagnies. Les ouvriers, les travailleurs de toutes les classes, y pourraient trop clairement apprécier quelle est aux yeux de certains hommes d'état, la valeur présumée de leurs sentiments patriotiques.

Il y a là une idée que je n'aurais point pardonnée à M. Guizot.

Quant à la *puissance* des compagnies, personne n'ignore que les éléments dont cette puissance si redoutée se compose, sont une garantie d'ordre pour le pays. Je ne veux pas plaider leur cause, et encore moins celle de leurs administrateurs ; mais de grâce, ne les attaquez que par leur endroit vulnérable : dites que fondées par un gouvernement corrupteur, elles sont tombées pour la plupart entre des mains avides ; dites que les intérêts des petits actionnaires ont été trop souvent sacrifiés ; vous montrerez ainsi que vous avez étudié la question consciencieusement, et si vous laissez subsister les compagnies, vous aurez indiqué les réformes radicales dont elles ont besoin pour n'être plus un guet-à-pens, où les honnêtes gens se précipitent tête baissée, par un excès de confiance qui les honore et qui les ruine.

Encore quelques mots sur les avantages du rachat, et je finis, car le temps du travailleur ne lui appartient pas ; il faut qu'il prélève sur son repos le droit de penser.

Le rachat est avantageux, non pas pour l'*État*, qui n'a jamais produit à des conditions aussi favorables que les particuliers, mais pour les *gouvernements* ; ils se verront en position de nommer et de destituer, de récompenser et de punir, une armée nouvelle de fonctionnaires, qu'on parviendra peut-être un jour à discipliner et à rendre en tout semblables à ceux qui, par un excès coupable de condescendance et d'avilissement, ont perdu la monarchie en France.

Le rachat ne sera pas avantageux aux travailleurs : les compagnies composeront avec eux, tandis que l'État leur imposera ses conditions. Peu importe, d'ailleurs, que ce soit l'État ou les compagnies qui fassent exécuter les travaux, pourvu qu'en fin de compte ils soient exécutés.

Le rachat, dans les conditions du projet, sera nuisible au peuple : 1° Parce qu'un nombre considérable d'hommes du peuple sont détenteurs d'actions ; 2° parce que si les ouvriers de la campagne se déplacent, il arrivera que les villes seront encombrées, et que les bras manqueront à l'agriculture. Cet effet déplorable se fait déjà sentir dans un grand nombre de localités, par suite de l'amélioration légitime, mais proportionnellement fort développée du bien-être des ouvriers dans les grandes villes.

En ce qui concerne l'industrie et le commerce, les excès

de la spéculation ne seront nullement refrénés au moyen du rachat, puisque, si d'un côté il y a moins d'actions de chemins de fer sur le marché, de l'autre il y aura une augmentation proportionnelle en fonds publics ; on spécule sur les uns comme sur les autres, et les joueurs ne manqueront pas sitôt de pâture.

Enfin, comment le véritable esprit des affaires sera-t-il ranimé? Par de nouveaux emprunts devenus indispensables pour donner suite aux travaux? — On voit en effet qu'une pareille mesure est tout-à-fait de nature à nous rassurer sur l'avenir.

Citoyens représentants, je n'ai fait qu'effleurer une question dont vous apprécierez mieux que moi toute la portée. Je termine néanmoins par une dernière remarque, remarque concluante s'il en fut jamais, et qui prouve qu'on raisonne mal quand on a une mauvaise cause à défendre.

Après avoir blâmé les spéculateurs avec un juste sévérité, comment se fait-il que M. le ministre des finances se base précisément sur la spéculation pour ses différentes combinaisons de rachat? Ne serait-ce pas que la spéculation, fort condamnable par elle-même, devient tout-à-coup respectable lorsqu'elle peut servir les projets de M. Duclerc?

Par tous les motifs qui précèdent, usant du droit de

pétition qui appartient à tout Français, j'ai l'honneur de demander à l'Assemblée Nationale :

1° Qu'elle laisse aux compagnies légalement constituées, les charges comme les bénéfices de leurs traités ;

2° Qu'elle veille à la révision de toutes les conditions des cahiers de charges qui ne seraient pas en rapport avec le nouvel ordre de choses, et spécialement, qu'elle soit appelée à régler les droits comme les devoirs des administrateurs, tant envers le Gouvernement, qu'envers les actionnaires qu'ils représentent, et dont les intérêts leur sont confiés.

Salut et fraternité.